BEI GRIN MACHT SICH IHR WISSEN BEZAHLT

- Wir veröffentlichen Ihre Hausarbeit, Bachelor- und Masterarbeit

- Ihr eigenes eBook und Buch - weltweit in allen wichtigen Shops

- Verdienen Sie an jedem Verkauf

Jetzt bei www.GRIN.com hochladen und kostenlos publizieren

Karina Henning

Organisationsoptimierung durch den Einsatz von Barcodescannern am Beispiel der Apothekenbestellung

GRIN Verlag

Bibliografische Information der Deutschen Nationalbibliothek:

Die Deutsche Bibliothek verzeichnet diese Publikation in der Deutschen National-bibliografie; detaillierte bibliografische Daten sind im Internet über http://dnb.d-nb.de/ abrufbar.

Impressum:

Copyright © 2015 GRIN Verlag GmbH
Druck und Bindung: Books on Demand GmbH, Norderstedt Germany
ISBN: 978-3-656-92489-0

Dieses Buch bei GRIN:

http://www.grin.com/de/e-book/294733/organisationsoptimierung-durch-den-ein-satz-von-barcodescannern-am-beispiel

GRIN - Your knowledge has value

Der GRIN Verlag publiziert seit 1998 wissenschaftliche Arbeiten von Studenten, Hochschullehrern und anderen Akademikern als eBook und gedrucktes Buch. Die Verlagswebsite www.grin.com ist die ideale Plattform zur Veröffentlichung von Hausarbeiten, Abschlussarbeiten, wissenschaftlichen Aufsätzen, Dissertationen und Fachbüchern.

Besuchen Sie uns im Internet:

http://www.grin.com/

http://www.facebook.com/grincom

http://www.twitter.com/grin_com

RHEINISCHE FACHHOCHSCHULE KÖLN
University of Applied Sciences

Fachbereich: Wirtschaftsinformatik
Studiengang: Medizinökonomie (B.A.)

Projektarbeit

Organisationsoptimierung durch den Einsatz von Barcodescannern am Beispiel der Apothekenbestellung

Thesis vorgelegt von: Karina Henning

Wintersemester 2014/15

Inhalt

1   Einleitung

Die vorliegende Arbeit widmet sich der Organisationsoptimierung durch den Einsatz von Barcodescannern am Beispiel der Apothekenbestellung auf einer Station im Krankenhaus.

Der demographische Wandel wird die Zusammensetzung der Bevölkerung in Deutschland in den kommenden Jahrzehnten stark verändern. Durch eine niedrige Geburtenrate und der damit verbundenen Abnahme der Bevölkerung, bei gleichzeitigem Anstieg der Lebenserwartung, sinkt das Potential an Erwerbspersonen. Das führt zu einem sinkenden Potential an Erwerbspersonen bei gleichzeitigem Anstieg der Behandlungsfälle in den Krankenhäusern. Besonders im Gesundheitswesen wird es zu einem Defizit kommen.

Mit dem Pflegethermometer 2012 macht das Deutsche Institut für angewandte Pflegeforschung mit einer bundesweiten Befragung von Leitungskräften zur Situation der Pflege und Patientenversorgung auf Intensivstationen deutlich, daß es zwischen 1995 bis 2012 zu einem Anstieg der Fallzahlen von 19,2 % bei gleichzeitigem Abfall der Vollkräfte im Pflegedienst von 11,4 % gekommen ist. Dies hebt die Arbeitsverdichtung der Pflegekräfte hervor.[1]

Neben der Haupttätigkeit auf den Stationen - der Versorgung von Patienten - sind zusätzlich zahlreiche weitere Aufgaben von Pflegekräften zu erledigen, wie Dokumentation und viele organisatorische Aufgaben wie z.B. die Bestellung von Medikamenten und Material. Dies wird anhand einer selbst erstellten Hitliste manuell eingetragen, um dann am PC über ein Programm einzugeben. Die Übertragung ist zeitraubend und oft auch fehlerbehaftet. Zeit ist im Krankenhausalltag ein entscheidender Faktor für die Versorgung der Patienten und Betriebswirtschaftlichkeit einer Klinik. Deshalb stellt sich immer wieder die Frage, wie die Technik bzw. Informationstechnik und deren Anwendung im Gesundheitswesen optimal und effizient genutzt werden kann. Durch den wachsenden Kostendruck wird es für Krankenhäuser dringlicher, die Kosten einer Behandlung mit den Krankenversicherungen detailliert abrechnen zu können. Dabei hilft die genaue Erfassung der verbrauchten Materialien

---

[1] Deutsches Institut für angewandte Pflegeforschung e.V., 2012.

pro Fall. Deshalb setzen immer mehr Krankenhäuser auf Barcode-Scanning, um ihre Prozesse zu optimieren und die Kosten zu senken.

1.1 Zielsetzung der Projektarbeit

Anhand des Beispiels der Apothekenbestellung soll mit dieser Projektarbeit bewiesen werden, welchen Nutzen der Einsatz eines Barcodescanners hat am Beispiel der Bestellung der Apotheke in einem Krankenhaus der Region (weiterhin „Krankenhaus X" genannt). Desweiteren wird aufgeführt in welchen Bereichen der Barcodescanner eingesetzt werden kann, welche Vorteile die Benutzung dieses Gerät hat in Bezug auf Zeiteinsparung und Betriebswirtschaftlichkeit, Dokumentationserfassung und Qualitätssicherung.

1.2 Vorgehensweise

Bei der Erstellung der Projektarbeit wurden unterschiedliche Varianten der Informationsfindung gewählt, wobei der größte Teil sich auf die Datensammlung bezieht, die die Fa. Aescudata Gmbh zur Verfügung gestellt hat, denn um die Verbesserung eines Prozesses wie die Apothekenbestellung zu beschreiben, wird von den vorhandenen Voraussetzungen im Krankenhaus X aufbauend ausgegangen. Für die Bestellung der Apotheke wird auf den Stationen das Online-Stationbestellwesen MUSE® genutzt.

Die Arbeit stellt einen theoretischen Teil vor, für den u.a. ausführliche telefonische Beratung durch Herrn M. Domnick, Kundenbetreuer der Firma Aescudata GmbH, notwendig war.

Zum Punkt Apothekenbestellung wird dann der praktische Bezug erläutert, wie diese in der Regel in Krankenhäusern praktiziert wird. Hierfür wurden Erfahrungen aus mehrjähriger Berufserfahrung in verschiedenen Krankenhäusern gesammelt.

2 Optimierung der Stationsanforderung

2.1 Jetztige Vorgehensweise

Die Stationsanforderung beinhaltet zwei Komponenten, die Materialwirtschaft und die Apothekenanforderung. Die Bestellung von Material sowie Medikamenten erfolgt im klinischen Alltag zwei Mal wöchentlich aufgrund von Lagerplatzmangel. In dieser Projektarbeit steht die Bestellung der Apotheke im Vordergrund.

Im Krankenhaus X auf der Station B4 wird für die Bestellung der Apotheke bei der Zentralapotheke im Schnitt pro Bestellung zwischen 2 bis 3 Stunden Zeit in Anspruch genommen. Darunter zählen Tabletten, Antibiotika, Ampullen, Infusionen, Zytostatika sowie parenterale Ernährung. Mittels einer selbst erstellten Hitliste (Hitliste = auch Daueranforderungsliste, eine Liste, nach Rang geordneter Medikamente, die am häufigsten gebraucht werden), ermittelt die Pflegekraft den Bedarf an Medikamenten. Aufgrund von Platzmangel sind die Medikamente und Infusionen über mehrere Lagerräume verteilt, so daß es hier zu Zeitverlust und Wegeaufwand kommt.

Die Tabletten sind am Stationsarbeitsplatz zentral alphabetisch in Schränken und Fächern sortiert. Leider ist auch hier nicht ausreichend Platz zur Verfügung, so daß es bei der Tablettenbestellung dazu kommt, daß die einzelnen Präparate rausgenommen und auf Packungsinhalt kontrolliert werden müssen. Idealerweise ist ein Schranksystem mit ausreichend Platz, wobei die Pflegekraft mittels Farbenkärtchen sehen kann, welche Tabletten dringend bestellt werden müssen. Doch dies ist aus den genannten Platzgründen nicht möglich, die Tabletten sind übereinander gestapelt sortiert, so daß die bestellende Pflegekraft jede Medikamentenpackung einzeln auf Inhalt kontrollieren muß. Links daneben befindet sich ein Schrank mit Ampullen, alphabetisch sortiert, und rechtsseitig vom Tabletteninventar ein offener Schrank mit Infusionen von Kochsalzlösungen bis zur parenteralen Ernährung. Auch die Antibiotika und diverse Inhalationspräparate sind in Schränken unter der Anrichte vorhanden. Die Schränke sind zentral gelegen und somit übersichtlich bei der Bestellung. Somit könnte eine Abarbeitung der Hitliste schnell erfolgen. Aufgrund des hohen Bedarfs reichen jedoch die Lagerbestände am Stationsplatz nicht aus, sodaß die restlichen Bestände in verschiedenen Lagerräumen verwahrt werden, um diese bei Bedarf dann vor zu holen. Die bestellende Pflegekraft muß also sämtliche Bestände bei der Bestellung berücksichtigen.

Wenn die handschriftliche Bestellung erfaßt ist, wird diese in ein EDV-Programm übertragen. Im Krankenhaus X wird die Apothekenbestellung über das Stationson-linebestellwesen MUSE® an die Zentralapotheke des Krankenhauses übersendet.

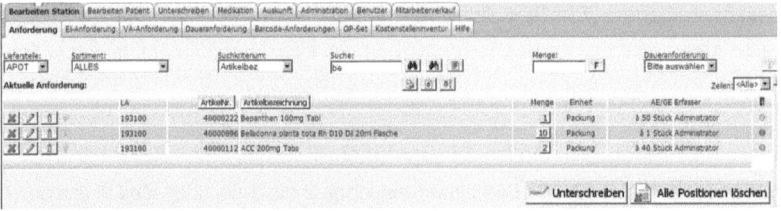

Abbildung 1: Bearbeiten Station - Anforderung (Positionen im Warenkorb)

Muse® ist ein Stationskommunikationssystem der Firma Aescudata. Es ist ein Programm, welches die Anforderungen bzw. Bestellungen vereinfacht und beschleunigt. Es ist an jedem Stationsarbeitsplatz installiert und dient primär der Erfassung von Anforderungen auf der Station. Die bestellende Person muß sich mit ihr ihrem Benutzername und Paßwort anmelden. Der Benutzer hat die Möglichkeit, Medikamente über bereits vorgefertigte Daueranforderungen zu bestellen. Für die Erstellung der Daueranforderungslisten, siehe Hitliste, sind die jeweils autorisierten Pflegekräfte der Station zuständig. Die Liste der Daueranforderungen wird unterschieden nach:

• Infusionen
• Medikamente
• Verbandstoffe.
•

Die Pflegekraft muß anhand der Listen nicht nach Medikamenten suchen, sondern kann sie anhand der Daueranforderungslisten direkt bestellen. Nicht alle Medikamente sind in den Daueranforderungen vorhanden, diese könnten dann direkt mittels

• Artikelnummer
• Artikelbezeichnung
• PZN Nummer

gesucht werden. Desweiteren ist die Größe der zu bestellenden Einheit hinter den bestellten Mengen zu sehen, um sicherzustellen, daß nur die Mengen bestellt werden, die auch auf den Stationen gebraucht werden. Vor jedem Medikament befindet sich ein Button. Bei Aufruf erscheinen dann weitere Informationen, u. a. auch die Preisangabe dem jeweiligen Medikament. Eine Eilanforderung ist über einen gesonderten Button möglich. Am Ende des Bestellvorganges wird die Apotheke mittels Paßwort vom zuständigen Stationsarzt freigegeben und über das Netzwerk des Krankenhauses an die Zentralapotheke gesendet.[2]

2.2 Stationsanforderung mittels Muse®mobile und Barcodescanner

Die Bestellung der Apotheke erfolgt in den Krankenhäusern mittlerweile generell über EDV. Doch wie kann dieser Prozeß aufbauend auf dem vorhandenen EDV-System vereinfacht werden? Im Krankenhaus X wird die Stationsanforderung mit dem EDV-System Muse® der Fa. Aescudata gearbeitet. Dies vorhandene System kann erweitert werden, durch Muse®mobil. Muse®mobil ist ein Softwaresystem, welches die patientenbezogene Dokumentation und Optimierung der Stationsorganisation mittels Barcodescannern unterstützt.

Muse®mobile ist modular aufgebaut, um eine optimale Anpassung an spezielle Anforderungen und Prozesse zu gewährleisten. Funktionen, die noch nicht benötigt werden, können je nach Bedürfnissen jederzeit nachlizensiert werden. Folgende Module bzw. Funktionalitäten stehen mit Muse®mobil zur Verfügung:

*   Dokumentation
*   Versorgungsassistent
*   Stationsanforderung
*   Kostenstelleninventur.

*

Die Funktion Stationsanforderung in Muse®mobil dient der Anforderung von Materialien direkt am Stationslagerschrank, zum Beispiel die Apothekenbestellung. Die Eingabe der Materialien erfolgt komfortabel über ein PDA-Gerät (PDA = Personal Digital Assistant). Muse®mobile ist ausschließlich für die Verwendung des Barcodescan-

---

[2] Vgl. Prof. Dr. Ulrich Schrader, 2008

ners PDA Casio IT-800 konzipiert, auf den im Punkt 3.2 noch näher eingegangen wird.[3]

Die Pflegekraft kann mit Hilfe des Barcodescanners, nachdem die Station bzw. Lieferadresse festgelegt wurde und nach vorheriger Anmeldung mit Benutzernamen und Paßwort, die benötigten Artikel abscannen. Dabei können Produktbarcodes wie GS1 (Global Standards One), EAN (= European Article Nummer), PZN (=Pharmazentralnummer), Lieferantenartikelnummer oder auch selbst erstellte Barcodekärtchen mit der Artikel- oder Schranknummer erfaßt werden.

Alternativ können die Artikel auch über die automatische Artikelsuche eingegeben werden, indem ein Buchstabe am Anfang eingegeben wird. Wird eine Zahl am Anfang eingegeben, wird bei der Kombisuche der Wert in den Feldern „interne Artikelnummern", „externe Artikelnummer", „PZN", „EAN" und „Artikelnummer des Lieferanten" gesucht. Werden zum Suchbegriff mehrere Artikel gefunden, erscheint ein Auswahldialog mit der Liste dieser Artikel. Bei der Suchart „Bez." (für Bezeichnung) wird automatisch die Suche nach dem dritten Buchstaben gestartet.

Nachdem ein Artikel ausgewählt bzw. gescannt wurde, wird dieser sofort in die Liste darunter eingetragen. Hierbei erfolgt ein Signalton, daß sich ein Artikel im Warenkorb befindet. Danach wird von der Pflegekraft noch die Menge eingegeben. Wird ein bereits in der Liste vorhandener Barcode erneut eingescannt, wird die Menge um 1 addiert. Die Positionen in der Liste bleiben gespeichert, bis sie gelöscht oder an MUSE gesendet werden, auch wenn der Dialog inzwischen verlassen wird.

---

[3] Vgl. Aescudata Gmbh, 2009

Abbildung 2: Muse®mobile Stationsanforderung (Barcodescanner)

Die Pflegekraft kann die zu bestellenden Artikel somit vor Ort erfassen und eingeben. Durch das direkte Abscannen des Artikels erfolgt eine sofortige Datenprüfung, die Fehleingaben und Falschanforderungen verhindert. Ebenso ist eine Begrenzung hinsichtlich von Menge und Preis der Stationsanforderung möglich, indem diese in der Grundversion von Muse hinterlegt wird, sodaß eine Überbestellung nicht möglich ist. Sind alle Artikel in den Warenkorb gelegt, wird der Barcodescanner auf die dazugehörige Dockstation gesetzt und die Daten werden an Muse® online übertragen. Somit entfällt das aufwendige und oft fehlerbehaftete Übertragen der manuell erstellten Anforderungsliste in das Stationsonlinebestellwesen Muse®, was zu Zeit- und Wegeeinsparung für die Pflegekräfte dient.

Sobald Muse® erreichbar ist, aktiviert sich die Schaltfläche für Senden. Im Abschluß erfolgt auch hier die Freigabe der Apothekenbestellung durch den diensthabenden Stationsarzt mittels Paßwort, um sie dann an die Zentralapotheke zu übertragen.

2.3 Flußdiagramm Muse® - Muse®mobil

Im folgenden Flußdiagramm werden die oben beschriebenen Prozesse noch einmal vereinfacht dargestellt. Hierbei wird deutlich, daß bei der manuellen Erstellung das Risiko besteht, Artikel mehrfach zu erfassen bzw. es zu Fehlbestellungen durch Übertragungsfehler kommen kann.

Da die Apothekenbestellung auf Station oft zwischendurch bzw. nebenbei erfaßt wird, kann es dazu kommen, daß mehrere Personen die Bestellung aufnehmen. Oft ist dann nicht nachvollziehbar, welche Artikel erfaßt wurden oder durch unleserliche Schrift welche Sonderbestellungen (Bestellungen, die nicht in der Hitliste aufgeführt sind) bzw. wie hoch die Anzahl der zu bestellenden Artikel ist. Dadurch kommt es zu Nachfragen, was wiederum zu Zeitverlusten bei der eigentlichen Pflegetätigkeit führt. Diese Probleme bzw. Fehler lassen sich durch die Benutzung eines PDA-Gerätes (Barcodescanner) vermeiden.

Aus dem Diagramm ist die Zeiteinsparung durch die Barcodeerfassung nicht sichtbar, da die Anzahl der Prozesse per Scanning genauso hoch ist wie bei der manuellen Erstellung der Hitliste und der Übertragung ins KIS. Diese ist besonders hervorzuheben, denn dies ist entscheidend für die Pflegekräfte.

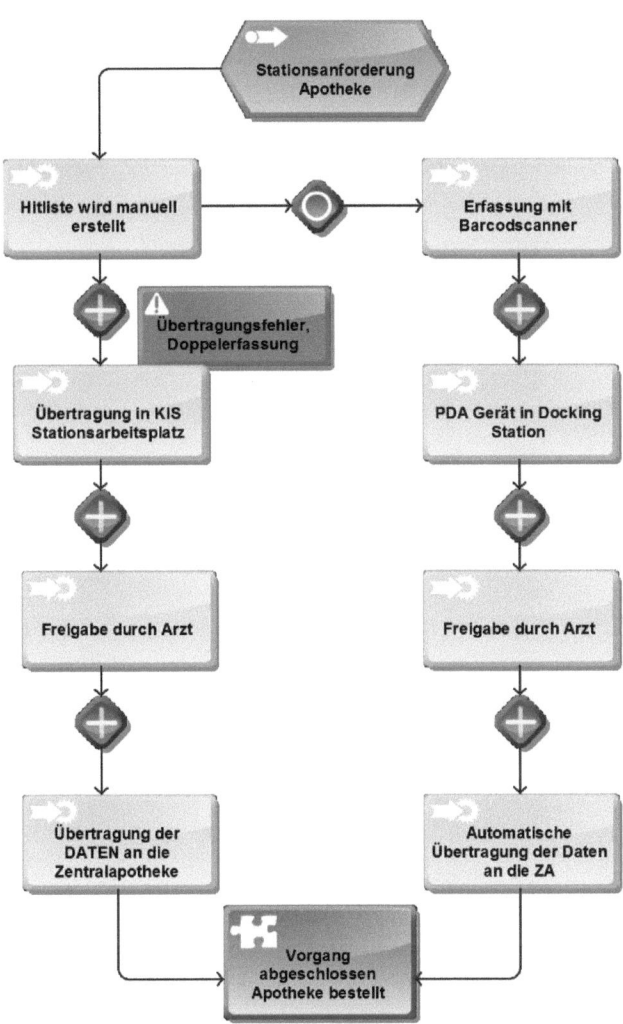

Abbildung 3: Prozeßkette Apothekenbestellung

3   Muse®mobil

3.1   Grundversion und Systemvoraussetzungen

Die Grundversion von Muse®mobil beinhaltet alle Basisfunktionalitäten, die für den Einsatz der mobilen Datenerfassung und Übertragung benötigt werden. Aufbauend auf Muse® kann die Muse®mobil-Lizenz erworben werden. Zwischen den beiden Stationsonlinebestellwesen werden folgende Stammdaten übertragen:

- Benutzer
- Lieferstellen
- Häuser
- Stationen und Lieferadressen
- Artikeldaten
- Patientendaten
- Daten für die Schrankverwaltung.
-

Mittels der Muse®mobile Version steht eine Anwendung zur Verfügung, die bei den täglichen Zusatzarbeiten der Pflegekräfte wie z. Bsp. Dokumentation oder Stations-anforderung entlastet.

Abbildung 4: Muse®mobile Module

---

4 http://www.aescudata.de/typo3temp/pics/488b611df6.jpg

Muse®mobile bietet die in der Abbildung 3 gezeigten Module an. Um die Funktion bzw. das Modul Stationsanforderung zu benutzen, benötigt der Anwender die MUSE Version 3.26 sowie die erforderlichen Lizenzen für

*   Muse®mobil Grundversion
*   Muse®mobil Stationsanforderungen sowie
*   Muse®Grundversion.

Die Muse Module müssen jeweils nur einmal lizensiert werden, die Lizensierung bei Muse®mobile ist pro Gerät (Barcodescanner) erforderlich.[5] Der Einsatz von PDA`s ermöglicht zahlreiche Verbesserungen in unterschiedlichen Prozessen. Das PDA-Gerät ist mit einem Barcodescanner ausgestattet. Nutzt ein Verbraucher (Krankenhaus, Arztpraxis, etc.) das alleinige Modul Stationsanforderung von Muse®mobil empfiehlt die Fa. Aescudata GmbH den Denso Scanner BHT 8000, der ein schnelles und einfaches Lesen von Barcodes ermöglicht, jedoch mit einem Speicherplatz von 4,5 bis max. 8,5 MB für die weiteren Module nicht geeignet ist. Er findet Anwendungen in der Datenerfassung im Lager- und Verkaufsbereich, Inventuren, Bestandskontrolle sowie beim Warenein- und ausgang.[6]

3.2 Barcodescanner Casio IT 800

Für die Datenerfassung wird der Barcodescanners Casio IT 800, einem 2D-Barcodescanner verwendet, der ausschließlich für Muse®mobile konzipiert ist.

---

[5] Vgl. Aescudata Gmbh, 2013.
[6] Vgl. Pharma-Zeitung, 2009.

⁷

Abbildung 5: Casio IT 800

Der oben abgebildete Barcodescanner ist ein mobiler Computer der mit dem Betriebssystem Windows Mobil 6.5 arbeitet. Weitere technische Daten:

- CPU: Marvell® PXA320 624 MHz
- 2 D Imager (C-MOS)
- Bluetooth
- Tastatur numerisch
- 128/256 MB Speicher
- Schutzart: Fallschutz aus 1,5 m, Spritzschutz IP54
- Bildschirm: Touchscreen 3,7 Inch
- Schnittstelle: MicroSD Slot
- Zubehör: Ethernet- und Ladestation inkl. Netzteil und -kabel, Single Ethernetmo-
  dul HA-H62IO + AD-S42120BE (Netzteil).[8]

Wie aus den technischen Details zu entnehmen ist, handelt es sich um einen kom-
munikationsstarken und auch robusten Barcodescanner. Neben Post-, Transport-
oder Logistikfirmen profitieren auch Servicebetriebe, Verkehrsbetriebe und das Gesundheitswesen von diesem Scanner. Der IT-800 verfügt über einen eingebauten

---

⁷ http://www.logitronic.de/wp-content/themes/rttheme6/images/produkte/casio_it_800_2.jpg
⁸ Vgl. Aescudata Gmbh, 2013.

Laserscanner zur Erfassung von zweidimensionalen Barcodes, welcher für die Datenerfassung bei der Apothekenbestellung zunutze gemacht wird. Die Pflegkraft kann mittels des Laserscanners die Strichcodes der Medikamente, Infusionen usw. einlesen und diese sofort mit der benötigten Menge in den Warenkorb legen. Nach Eingabe des vollständigen Bedarfs wird der Barcodescanner auf die dazugehörige Dockingstation, auch Cradle genannt, HA-H62IO gesetzt. Von dort aus werden die Daten über das Netzwerk des Krankenhauses an die Zentralapotheke weitergeleitet. Die Dockingstation verfügt über eine Ladefunktion, USB-Client, USB-Host und Ethernet.

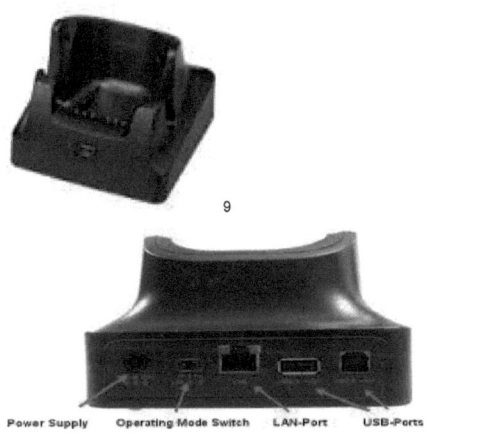

Abbildung 6: Vorder- und Rückansicht der Dockingstation H6-H62IO

Der Barcodescanner ist mit einem Gewicht von 270 - max. 350 g und einer Größe von 159x78x25mm ((HxBxT) leicht und liegt ergonomisch in der Hand. Er hat ebenso einen Halstragegurt sowie einen Eingabestift, womit die Pflegekraft die Mengeneingabe z. Bsp. im Warenkorb anwählen kann. Außerdem hat er einen Staub- und Spritzschutz von IP54 (IP = Schutzklasse für industriell genutzte Systeme, 5 = staubgeschützt, 4 = geschützt gegen Spritzwasser) sowie einen Fallschutz von 1,50 m, was im klinischen Alltag von Bedeutung ist. Das Display ist etwa 10mal robuster und stoßfester als herkömmliche Bildschirme und sorgt dafür, daß es plötzlichem Druck

---

9 http://www.geksagon.ru/files/images/Casio/it-800/ha-h60io.jpg
10 http://css.casio-b2b.com/userfiles/IT800CradleSlots100ENG.PNG

Stand hält und nicht bricht. Es liefert ein gestochen scharfes und kontrastreiches Bild, daß sich bei allen Lichtverhältnissen erstklassig ablesen läßt.

Der Barcodscanner Casio IT-800 ist als erster Industrie-PDA mit dem Betriebssystem Windows® Mobile 6.5 und mit WLAN und Bluetooth® flexibel einsetzbar. Neben der rasanten Datenkommunikation kann er auch als Mobiltelefon vollständig genutzt werden. Zu den weiteren Eigenschaften gehören GPS zur Positionsbestimmung, eine integrierte Digitalkamera (optional, je nach Wunsch des Bestellers) mit Autofokus und Blitz zur schnellen Bilddokumentation sowie der für die Stationsbestellung wichtige Laserscanner. Mit der Kamera lassen sich Unterschriften auf Lieferpapieren, Abliefergegebenheiten oder andere Situationen sicher und schnell dokumentieren und zur Zentrale senden, welches für das Modul Dokumentation zum Beispiel von Bedeutung ist.

Ein integrierter Smart Card Reader und Writer sorgt für einen schnellen berührungslosen Datenaustausch zwischen Smart Cards und dem Gerät. Somit können die Barcodes zur Patientenidentifikation vom Patientenetikett, Patientenarmband oder der Patientenakte gescannt werden, um nachfolgende Artikeleingaben für den Patienten zuzuordnen, was zum Bsp. für die Abrechnung von Zusatzentgelten zur Verbrauchsdokumentation entscheidend ist. Auch zum Schutz gegen unbefugte Nutzung des IT-800 eignet sich der Smart Card Reader, indem sich Mitarbeiter statt mit Paßwort per Smart Card am Gerät anmelden.[11]

3.3   Erleichterungen im Stationsalltag

Wie schon im Punkt 3.1 beschrieben kann die Anwendung von Muse®mobile auch in anderen Bereichen des Stationsalltags Erleichterungen schaffen. Dokumentationen sind im klinischen Alltag für das medizinische Personal zeitaufwendig, jedoch aus gesetzlichen Verpflichtungen und qualitätssichernden Maßnahmen aufgrund von DRG-relevanten Anforderungen erforderlich. Mit der Anwendung von   Muse®mobil-Modulen und den Einsatz von Barcodescannern sind eine Zeitaufwandreduzierung und eine effiziente Datenerfassung möglich. Dies sollen die folgenden Beispiele verdeutlichen.

---

[11] Vgl.Casio Europe Gmbh, 2015.

3.3.1 Dokumentation

Mit Muse®mobile lassen sich Daten für alle Dokumentationsarten mobil und mit Patientenbezug erfassen. So werden die Stärken der elektronischen Erfassung genutzt, Fehlerquellen wie Doppelerfassungen oder Falscheingaben durch unleserliche Schreibweise vermieden. Einsatzbereiche für die mobile Dokumentation mit Muse®mobile sind:

- TFG- und Chargendokumentation (TFG = Blutprodukte und gentechnisch hergestellte Plasmaproteine nach dem Transfusionsgesetz)
- Verbrauchsdokumentation für die Abrechnung von Zusatzentgelten
- DRG-relevante Dokumentation (DRG =Diagnosis Related Groups; diagnosebezogene Fallgruppen)
- Patientenbezogene Verbrauchsdokumentation im OP
- Konsignationslagerverwaltung.[12]

Im Krankenhaus X erhalten die Patienten Patientenarmbänder mit einem Barcode zur Patientenidentifikation. Anhand des Barcodes vom Armband, Patientenetiketten oder der Patientenakte werden die Patienten geprüft und mittels der Lizenz für die Dokumentation von Muse®mobil könnten alle nachfolgenden Artikel dem Patient zugeordnet werden. Mengeneingaben können mittels Mehrfachscans des Artikelbarcodes getätigt werden.[13]

---

[12] Vgl. Aescudata Gmbh, 2014.
[13] Vgl. Aescudata Gmbh, 2014.

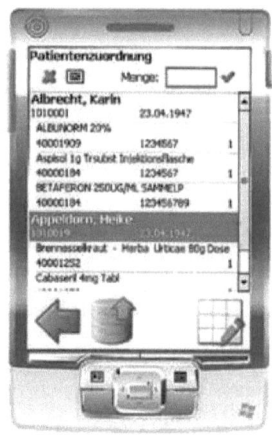

Abbildung 7: Dokumentation mit Patientenzuordnung

Um Chargen bzw. Artikel nach dem Transfusionsgesetz zu erfassen, ist die Eingabe von Chargennummern erforderlich. Diese können direkt vom Produkt gescannt oder bei Fehlen eines Barcodes manuell eingegeben werden. Bei GS1-Barcodes (Global Standards One) ist es möglich, daß weitere Informationen im Artikelbarcode wie z. B. die Chargennummer oder das Haltbarkeitsdatum verschlüsselt sind. Die Daten werden direkt in das dafür vorgesehene Feld eingeblendet. Je nach zusätzlicher Option kann bei der Erfassung von TFG-Artikeln ein Befund bzw. Kommentar konfiguriert werden. Nach Erfassung aller Daten können diese automatisch an MUSE übermittelt werden, um weitere Prozesse anzusteuern, wie z.Bsp. die DRG-Kalkulation oder die Übermittlung der Informationen über die Schnittstellen an die Kostenträgerrechnung des KIS (KIS = Kosteninformationssystem).[14]

3.3.2 OP-Verbrauchsmittelerfassung

Durch MUSE®mobil ist u.a. eine barcodegestützte Erfassung der Materialverbräuche im OP möglich, wobei der Ablauf ganz einfach ist. Zunächst werden die behandlungsbezogenen Daten wie Station, Behandlungs-ID oder Fallnummer erfaßt. Anschließend werden die Verbrauchsdaten aufgenommen. Dazu werden von der jeweiligen OP-Pflegekraft die einzelnen Artikel mit der Stückzahl eingescannt. Je nach hin-

---

[14] Vgl. Aescudata Gmbh, 2014.

terlegten Einstellungen kann die OP-Pflegekraft je nach Bedarf und Konfiguration noch weitere Daten wie Chargennummer und Arzt hinterlegen.

Abbildung 8: OP-Verbrauchsdokumentation Muse®mobil

Bei der Anwendung der OP-Verbrauchsdokumentation von MUSE®mobil können somit mehrere Schritte gleichzeitig erledigt werden, zum einen den OPS (OPS = Operations- und Prozedurenschlüssel) zur Abrechnung von Krankenhausleistung patientenbezogen sowie die Stationsanforderung des verbrauchten Materials, indem das Material, welches verbraucht, wurde gleichzeitig in den Warenkorb hinterlegt wird. Zusammengefaßt ermöglicht dies eine fallbezogene Einzelkostenerfassung im OP zur vollständigen Materialdokumentation, und das bei geringem Aufwand. Das sind zusätzliche Optionen, die die Firma Aescudata GmbH zu den jeweiligen Lizensierungen anbietet. Sicherlich sind solche Einführungen zeitaufwendiger in der Schulung des Personals und kostenintensiver, doch überwiegt der Nutzen auf Dauer immens.

3.4   Vorteile im Klinikalltag

Wie schon im Flußdiagramm und aus dem vorhandenen Text ersichtlich, sind die Abnahme der Fehlerquote sowie die Zeiteinsparung die hervorzuhebenden Vorteile, die sich ergeben, wenn die Apotheke mittels Barodescanner und dem dazugehörigen

Modul bestellt werden. Vorteile bei der Nutzung von Muse®mobil allgemein zusammengefaßt sind:

- Entlastung der Fachkräfte bei täglichen Dokumentationsaufgaben und somit
- Mehr Zeit für die Pflege der Patienten
- Zeitersparnis bei der Dateneingabe durch den Einsatz von Barcodes und moderner Scannertechnologie
- Verkürzung/Vermeidung von Wegen durch Datenerfassung vor Ort
- Bedarfsermittlung und Erfassung der anzufordernden Artikel am Stationslagerschrank
- Steigerung der Effizienz durch mehrfache Nutzung einmal erfaßter Daten
- Erhebliche Reduktion des Dokumentationsaufwandes durch Ausbleiben einer papiergebundenen Organisation.[15]

---

[15] Vgl. Aescudata Gmbh, 2014.

4   Fazit

Abschließend kann festgehalten werden, daß der Einsatz von PDA-Geräten unter anderem bei der Stationsbestellung einen enormen Vorteil für die Pflegekräfte hinsichtlich der Zeiteinsparung und der Fehlervermeidung mit sich bringen. In der St. Anna-Virngrundklinik-Ellwangen wurde auf der Interdisziplinären Intensivstation seit 2008 die Apotheke mit dem Bestellprogramm AMONDIS der Firma Data net solutions und dem dazugehörigen Barcodescanner der Firma Symbol bestellt. Je nach Bestellvolumen konnte die Bestellung innerhalb von einer halben bis ganzen Stunde abgewickelt werden, was per manuell erstellten Hitliste und der darauffolgenden Übertragung ins KIS unmöglich zu leisten ist. Der Zeitaufwand dafür belief sich zwischen 2 bis 3 Stunden pro Bestellung. Daher überwiegt der Nutzen somit gegenüber den Kosten der Investition und Einführung. Lt. Angaben der Fa Aescudata GmbH würden sich die Kosten für die Anschaffung eines Barcodescanners mit der Lizensierung von Muse®mobil Stationsanforderung, einschließlich der dazugehörigen Lizenzen, zwischen 2800 bis 3300 Euro belaufen. Hierbei handelt es sich um Staffelpreise, je nachdem wieviel Stationen damit ausgestattet werden. Bei den Kosten sind 3 Dienstleistungstage für Installation und Schulung einbezogen. Berücksichtigt man die Zeiteinsparung und Fehlervermeidung sind die Kosten innerhalb kurzer Zeit ausgeglichen.

Die Firma GS1 Germany GmbH hat anhand von Pilotprojekten die Nutzeneffekte für das Scanning im Krankenhaus nachgewiesen. Somit konnte sie beweisen, welche qualitativen Vorteile durch den Einsatz von Scannern zu erzielen sind und welche strategischen und operativen Möglichkeiten die Technologie dem Anwender eröffnet. Zu nennen sind hier u.a.

- gesteigerte Prozeßsicherheit
- mehr Transparenz sowie eine
- automatisierte Dokumentation,

die ohne Scanner nicht oder nur mit erheblichem manuellen Aufwand gepflegt werden kann. Als Beispiel ist ein Projekt im Herz-Zentrum Bad Krozingen zu erwähnen, welches im Zeitraum vom Februar 2005 bis September 2007 belief. Hier konnte unter anderem bei der Dokumentation der verbrauchten Artikel in den Funktionsabteilungen eine Zeiteinsparung von ca. 78 % erzielt werden, indem die Artikel über Einscannen der EAN-Barcodes auf den verbrauchten Produkten dokumentiert wurde. Somit stehen die so erfaßten Daten für alle weiteren Prozesse vollständig elektronisch zur Verfügung, so daß das aufwendige und fehleranfällige Erfassen der verbrauchten Artikel in der Wirtschaftsabteilung und die manuelle Zuordnung zum Patienten für das Controlling entfallen. Ohne Scanner wurden die verbrauchten Materialien manuell in der Wirtschaftsabteilung erfaßt, indem die Funktionsabteilung die Etiketten der verbrauchten Produkte ausgeschnitten oder vom Hersteller mitgelieferten Patientenetiketten aufgeklebt und per Postweg an die Wirtschaftsabteilung weitergegeben hat. Durch den Einsatz von Scanner müssen die Patientenaufkleber nicht mehr genutzt oder Etiketten ausgeschnitten werden, sondern mit einem einfachen und schnellen Scanvorgang sind die für die nachfolgenden Prozesse relevanten Daten EAN-Artikelnummer, Charge oder Seriennummer und je nach Produkt auch Verfallsdatum sicher erfaßt. Die Firma GS1 Germany GmbH weist auf die Voraussetzungen für den Einsatz von Scannern hin, d.h. die Produkte müssen den Anforderungen gemäß mit einem EAN-Strichcode gekennzeichnet sein.[16]

---

[16] GS1 Germany GmbH, 2008.

Darstellungsverzeichnis

Literaturverzeichnis

Altenbrand GmbH, 2011-14. http://altenbrand.net/de/Zubehoer/Dockingstationen-
und-
Cradles/Casio/Casio-Cradle-fuer-IT-800?xaf26a=wv (Datum des Zugriffs:
19.02.2015)

Casio Europe GmbH, 2009. http://www.casio-
b2b.com/mis/de/faq/?branchid=c52f1bd66cc19d05628bd8bf27af3ad6&print=1 (Datum des Zugriffs: 19.02.2015)

Deutsches Institut für angewandte Pflegeforschung e.v. - Studie Pflege-
Thermometer, 2012.
www.dip.de/fileadmin/data/pdf/projekte/Pflege_Thermometer_2012.pdf (Datum des
Zugriffs: 05.03.2015)

Firma Aescudata GmbH, 2009.
http://www.aescudata.de/musemobile/module/dokumentation.html (Datum des Zugriffs: 01.03.2015)

Firma Aescudata GmbH,
2009.http://www.aescudata.de/musemobile/module/stationsanforderung.html (Datum
des Zugriffs: 21.01.2015)

Firma Aescudata GmbH, 2015. http://muse.klinikum-
brandenburg.de/webmuse/Help/index.html?op-verbrauchsdokumentation html (Datum des Zugriffs: 19.02.2015)

GS1 Germany GmbH - Scanning im Krankenhaus - Nutzeneffekte nachgewiesen.
2008. http://www.gs1-
germany.de/fileadmin/gs1/basis_informationen/scanning_im_krankenhaus.pdf (Datum des Zugriffs: 06.03.2015)

Pharma-Zeitung.de - Das Pharma Portal, 2015. http://www.pharma-zeitung.de/Denso-BHT-8000-Barcode-Terminal-Mobilitaet-und-Funktionalitaet-in-Perfektion.671.php (Datum des Zugriffs: 19.02.2015)